Clasificación animal

Peces

por Erica Donner

Bullfrog Books

Ideas para padres y maestros

Bullfrog Books permite a los niños practicar la lectura de texto informacional desde el nivel principiante. Repeticiones, palabras conocidas y descripciones en las imágenes ayudan a los lectores principiantes.

Antes de leer

- Hablen acerca de las fotografías. ¿Qué representan para ellos?

- Consulten juntos el glosario de fotografías. Lean las palabras y hablen de ellas.

Durante la lectura

- Hojeen a través del libro y observen las fotografías. Deje que el niño haga preguntas. Muestre las descripciones en las imágenes.

- Lea el libro al niño, o deje que él o ella lo lea independientemente.

Después de leer

- Anime a que el niño piense más. Pregúntele: ¿Ya conocías algunos de estos peces?

Bullfrog Books are published by Jump!
5357 Penn Avenue South
Minneapolis, MN 55419
www.jumplibrary.com

Library of Congress Cataloging-in-Publication Data

Names: Donner, Erica.
Title: Peces / por Erica Donner.
Other titles: Fish Spanish
Description: Minneapolis, MN: Jump!, Inc., [2017]
Series: Clasificación animal
"Bullfrog Books are published by Jump!"
Audience: Ages 5-8. Audience: K to grade 3.
Includes bibliographical references and index.
Identifiers: LCCN 2016044782 (print)
LCCN 2016045918 (ebook)
ISBN 9781620316405 (hard cover: alk. paper)
ISBN 9781620316467 (pbk.)
ISBN 9781624965302 (e-book)
Subjects: LCSH: Fishes—Juvenile literature.
Classification: LCC QL617.2 .D6618 2017 (print)
LCC QL617.2 (ebook) | DDC 597—dc23
LC record available at https://lccn.loc.gov/2016044782

Editor: Kirsten Chang
Book Designer: Molly Ballanger
Photo Researcher: Molly Ballanger
Translator: RAM Translations

Photo Credits: All photos by Shutterstock except: Alamy, 5, 12–13, 14–15, 18, 23br; Getty, 8–9; iStock, 6–7; National Geographic Creative, 16–17.

Printed in the United States of America at Corporate Graphics in North Mankato, Minnesota.

Tabla de contenido

¡Mira! ¿Qué es eso?

¡Un róbalo!

El róbalo es un tipo de pez.

¿Qué le hace ser un pez?

Los peces viven
en el agua.

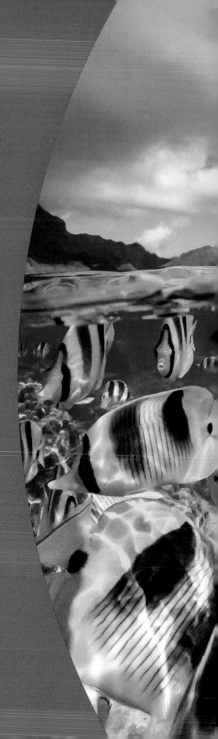

branquias ┈┈▶

Los peces tienen branquias.

Permiten que los peces respiren bajo el agua.

Los peces tienen aletas.
Ayudan a que
naden los peces.

aletas

Los peces tienen escamas.
Protegen sus cuerpos.

escamas

Los peces tienen columna vertebral.

Les ayuda a mantener la médula espinal segura.

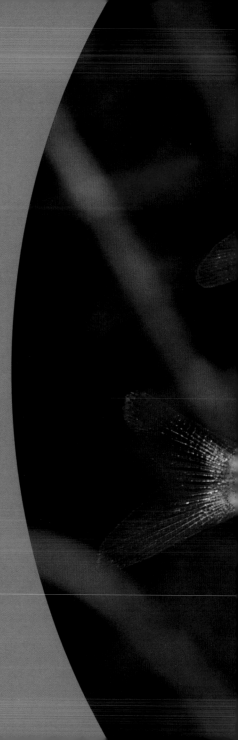

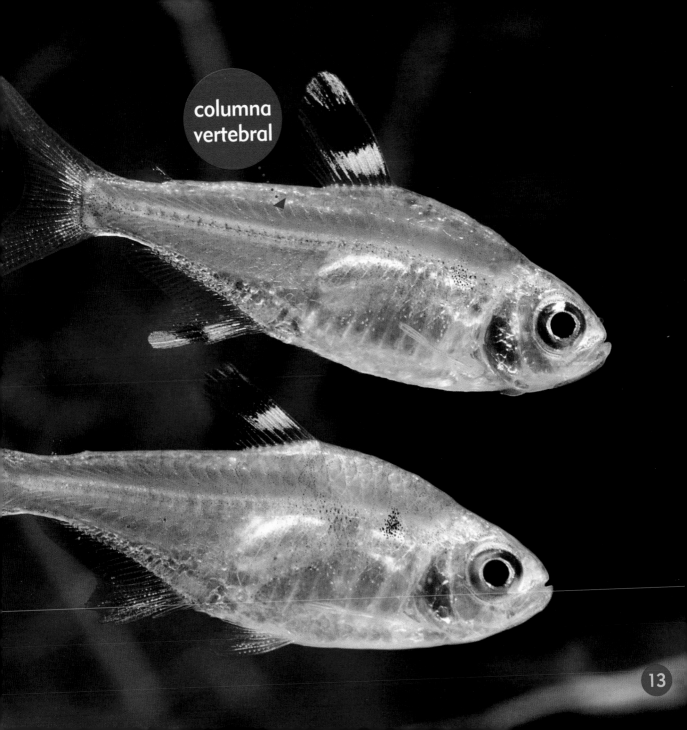

columna
vertebral

La mayoría de los peces son de sangre fría.

Su temperatura corporal es la misma que la del agua.

La mayoría de los peces ponen huevos.

¡Asombroso! Mira todos los huevos.

huevos

Algunos peces son enormes.
El tiburón ballena es un pez.

Algunos peces son pequeños.
Las carpas doradas
también son peces.

¡Los peces
son geniales!

¿Qué le hace ser un pez?

aletas
Los peces utilizan estas delgadas solapas para moverse y navegar en el agua.

columna vertebral
La columna vertebral recubre y protege la médula espinal de los peces.

escamas
El cuerpo de los peces está cubierto con placas pequeñas y duras, las cuales protegen sus órganos.

branquias
Los peces utilizan sus branquias para respirar bajo el agua.

Glosario con fotografías

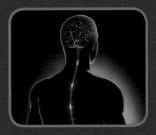

médula espinal
El cordón de tejido nervioso que transporta los mensajes desde y hacia el cerebro.

sangre fría
Tener una temperatura corporal que cambia con el ambiente.

proteger
Cubrir o bloquear algo que se podría destruir o lastimar.

tiburón ballena
El pez mas grande conocido, puede llegar a crecer hasta 40 pies (12 metros).

Índice

Para aprender más

Aprender más es tan fácil como 1, 2, 3.

1) Visite www.factsurfer.com

2) Escriba "peces" en la caja de búsqueda.

3) Haga clic en el botón "Surf" para obtener una lista de sitios web.

Con factsurfer.com, más información está a solo un clic de distancia.